Niels Kjær

Endnu et skridt

POP-OP-POESI

Niels Kjær:

Endnu et skridt. Pop-Op-Poesi

© 2019 Kjær, Niels
Forlag: BoD – Books on Demand, København, Danmark
Tryk: BoD – Books on Demand, Norderstedt, Tyskland
ISBN: 9788743013181

Digtene er tilegnet publikum ved *Åben Poetisk Scene* i *Løve's Bog- og VinCafé* og ved *POP OP Poeternes* mange oplæsninger:

Publikum lytter –
holder ørerne stive
indtil de slappes

Indhold

Forord

Nærværende lille bog indeholder en række digte, som alle er skrevet med henblik på at være til stede i det offentlige rum. Enten som digte udstillet eller udgivet på objekter eller som digte skrevet til brug ved diverse oplæsningsarrangementer. De indgår som en beskeden del af den nye lyrik, der popper op lige dér, hvor mennesker færdes. Fx på gaden eller på cafeer, biblioteker og museer.

Lyrikken har med andre ord taget endnu et lille skridt for at komme folk i møde.

Niels Kjær

Med Einstein i ryggen

Sommeren er gået –
i år var hun knibsk og lunefuld –
men nu er det for sent at fortryde
at jeg blev i Danmark
og til det sidste håbede
på et hedt favntag.
Her står jeg altså igen
på den åbne poetiske scene
i *Løve's Bog- og VinCafé*
hvor alt er ved det gamle.

Ansigterne er velkendte –
åh ja, jeg ser nok at enkelte af jer er nye
men tro mig:
I bliver såmænd også snart fast inventar.
Og i modsætning til sommeren
er mikrofonen til at stole på –
hun gengælder gerne mine kærtegn.

Stedet ligner sig selv med bøger på væggene,
flasker på hylder og søjler
og løvens mærke overalt.
Højt til vejrs en liggende Leo
og længere nede cafeens kendte logo
med løvens bortvendte hoved
længselsfuldt stirrende ud af vinduet.

 **LØVE'S**

Mest pålidelig er dog Einstein
der med sin karakteristiske løvemanke
hele sommeren
har stået på sin faste plads
bærende på en tung stak bøger.

Undskyld jer si'r det,
men det er altså fantastisk
at være tilbage.
I har det nok på samme måde,
men hvad med den gode Einstein?

Han har slet ikke haft ferie
og for ham er det sikkert en sten i skoen –
ein Stein in den Schuh –
at betragte alle os hjemvendte poeter.
Så jeg tror faktisk
jeg har Einstein i ryggen
når jeg be'r Kenny Løvehjerte om
at give ham en tiltrængt ferie.
Måske en uge eller to på *Hotel Carmel*
hvor han kan danse stenen ud af skoen.
Så kommer han sikkert glad og udhvilet
hjem til Løve's og udbryder:
"Åh, det er fantastisk at være tilbage!"

Vild hvede

Til Tove Ditlevsen på hendes 100 års fødselsdag

Du huskede barndommens gade,
du kendte kærligheds kval.
Du digted' om stærke drifter
og om børn, der løj og stjal.

Du knuste vaser og hjerter,
dit liv var vist vildt og slemt.
Det meste er nu en myte,
dine digte er ikke glemt.

De lever i vores hjerter,
har brændt sig så sælsomt ind,
at alle danskere kender
dit pige- og kvindesind.

Endnu et skridt

Til Knud Sørensen på hans 90 års fødselsdag

Fredag den 24. august 2018
har digteren fra Mors levet 33.040 dage.
4 km sydvest for mit hjem ligger Viby Bibliotek
og her låner jeg et stykke af digterens tid.
33.040 divideret med 4 frembringer tallet 8260
hvilket som bekendt er postnummeret for Viby J.
Men digteren selv bor i 7900 Nykøbing M
præcis 4,182 km nordøst for Dueholmmarken
hvilket igen ved multiplikation giver tallet 33.040.
Digteren fra Mors elsker tal
dog ikke primtal som vi derfor undgår her.
Først nu kommer digtene af sig selv
men musklerne kræver naturligvis mere
og mere endnu.

Hver dag går digteren 8.260 skridt
og det bliver på fire dage til 33.040 skridt.
Nogle dage går han kun 7.900 skridt
og må så hæve 360 skridt
af den opsparede kapital.
360 divideret med 4 giver tallet 90
og digteren fra Mors fyldte 90 år
lørdag den 10. marts 2018.
Intet er tilfældigt
alt hænger sammen
og nu tager digteren endnu
et skridt ind i fremtiden.

Oh Boy

Drengen fra Down Under
ankom i 2001
som bådflygtning til Italien,
men fik tre år senere
permanent opholdstilladelse i Danmark
som uledsaget flygtningebarn,
forladt af sin far, Ron.
Knægten fandt straks et hjem
i dybet af ARoS –
tæt på Dantes underverden
men med højt til loftet,
kort til vinduet
og langt til døren.
Da gutten blev teenager
flyttede han hjemmefra
til en trang bolig på 6. sal
hvor den litterære vicevært
belærte ham om
at *"no man is an island"*.
Det var måske sandt engang,
før klimakrisen,
men nu smelter indlandsisen
og vi bliver alle, som Kubrick forudså,
øer i det store verdenshav.

Drengen fra Down Under
fylder *tyve* i år
og han bor nu
meget langt hjemmefra
som en utilpasset ung mand
narcissistisk isoleret
i et lavloftet spejlkabinet.
Et klart brud på flygtningekonventionen
skulle jeg mene –
værre end Sjælsmark
ja, værre end Lindholm.
Sig mig: Hvad er det, der foregår?
Er det Høyersten eller Støjberg
der styrer på ARoS?
Jeg kan ikke længere se passivt til,
ungersvenden har krav på lys og luft.

Så min opfordring skal lyde:
"Befri Boy!"

Mit digt *Oh Boy* blev fra maj til august 2019 udstillet på Kunstmuseet
ARoS som "Månedens digt".

Regnbue Rock

Rød, orange, gul, grøn, blå, violet:
Ólafurs regnbue deler
kunstmuseet ARoS
fra midtbyens Aarhus.
Den naturlige by
opleves gennem
panoramavinduernes glas
som den kunstige by.

Eller måske er det lige omvendt –
det kunstige bliver det naturlige –
og vi forvandles
fra fremmedgjorte museumsgæster
til faldne engle
der rokerer i 'our rainbow'
i evig længsel efter
det tabte paradis.

Rød, orange, gul, grøn, blå, violet:
Regnbuen er en bævende vej,
bifrosten mellem jord og himmel,
et luftigt pagtstegn,
der symboliserer tro, håb
og mangfoldig kærlighed.

Men regnbuen er også en port
der skiller frelste og fortabte,
en generations- og klassekløft,
en grænse mellem himmel og helvede.
Rød, gul, pink, blå, hvid:
På Grayson Perrys tapet
troner Jamie Oliver

som Jesus over regnbuen
på dommens dag.
Tim og hans kæreste
har forladt Eden Close
og er på vej til Tunbridge Wells –
på vandring fra arbejderklassens kunstgræs
til middelklassens kulinariske kunst.

Regnbuen rokker
ved hverdagens vante vaner,
mens vi rocker med
i håb om at finde hjem.

Julian Schnabels sidste forsøg på at tiltrække sommerfugle

Schnabels sorte streger
trækker spor over lærredet
til kinesisk kalligrafi
og japansk poesi.
Sommeren går på hæld,
Men kunstnerens fodspor
letter fra fladen
og bringer minder om
de første sommerfugle
og kirsebærblomsterne.
Om dengang dagpåfugleøjne
kappedes med svævende kronblade
om at frembringe tidligt forår.
Her på ARoS er det
stadig råkold februar
og hverken *sakura* eller sensommer.
Men hvis vi følger
i Schnabels fodspor
mærker vi måske
at der er forår i luften.

Julian Schnabel, Last Attempt at Attracting
Butterflies, 1994.

Kinesisk kalligrafi med sommerfugl
og blomstrende kirsebærtræ.

Before the Fall of the Wall

Før muren faldt
blev man
på sin egen banehalvdel
og end ikke Michael Strunge
kunne flyve.
Før muren faldt
foretog Dorthe Dahlin
sin lange rejse,
mens Inge Ellegaard spiste is
i New York.
Før muren faldt
kunne man umuligt
blive præsident i USA
på et valgløfte om
at bygge nye mure.
Før muren faldt
fandt Kehnet Nielsen
sjælens melodi,
mens Peter Bonde
og Helmut Middendorf
fyrede den af
for fuld skrue.

Før muren faldt
vidste du
hvor du havde fjenden.
Der var endnu længe til
"me to"-bevægelsen,
og *a-ha* kunne roligt synge
"take on me".
Berit Heggenhaugen Jensens
kvindelige dæmon
jagtede ilden
og bragte faklen videre,
mens Michael Kvium
stak den skråt op
i agurketiden.
Før muren faldt
var verden tryg og forudsigelig.

Oplæsning på ARoS november 2019

23

I skyggen af Douglas Gordon

En dialog – sammensat af Niels Kjær – til udstillingen *Douglas Gordon 'In my Shadow'*

Hvem er du? Hvad vil du?

It doesn't matter who I am. I just want to talk to you.

OK. Jeg har lige 5 minutter.

I have discovered the truth.

Nå, da da! Og hvad er så din sandhed, om jeg må spørge?

I believe in miracles.

Nå, ikke andet? Så ved du vel, at *"miraculum"* på latin bare betyder "en genstand, der vækker undren".

I still believe in miracles.

Ja, det si'r du jo. Men hvis der er noget, du undrer dig over, så vil jeg da foreslå, at du undersøger det. Så er miraklernes tid nemlig snart forbi.

The simple things you see are all complicated.

Det skal nok passe. Men frem med mikroskopet. Så finder du ud af det.

It's all about you.

Bli'r du nu personlig? Ta' lige og hold mig uden for!

You can't hide your love forever.

Mig – og så kærlighed? Det bli'r sgu værre og værre!

Nothing can be hidden forever.

Jeg har ikke noget at skjule. Men mit sexliv kommer ikke den her sag ved. Glem det!

I remember more than you know.

Helt sikkert! For jeg véd overhovedet ikke, hvad du kan huske.

It's better to know.

Ja, ja, go'mor'n – og du er jo så heldig, at du kender sandheden. Ikke osse?

Everytime you think of me, you die, a little.

Nu holder du kæft! Ellers er det lige straks dig, der dør!

Do something evil. We are all evil.

Jeg er altså ikke ond – men dig – du er røvirriterende!

I forgive you. I've changed – from someone lost to someone found.

Du har Fanden har du! Sig mig lige, hvad står du dér og griner fjoget af?

I'm not laughing, I'm crying.

Ja, det ville jeg sgu osse gøre, hvis jeg var dig. Græde snot! Farvel – min tid er gået!

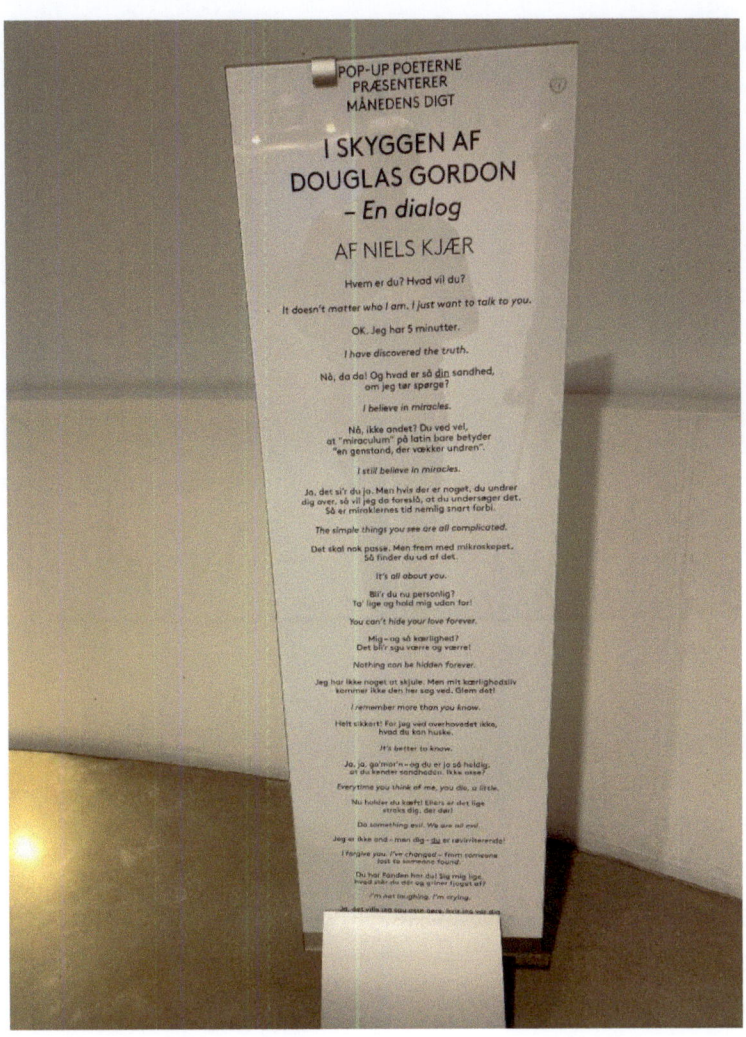

Min dialog *I skyggen af Douglas Gordon* blev fra november til december 2019 udstillet på Kunstmuseet ARoS som "Månedens digt".

27

O du Guds Lam

O du Guds Lam!
Selvportræt af kunstneren:
Damien Hirst
på udebane,
helt alene I verden,
for at tilfredsstille
et sensationshungrende
kunstpublikum.

28

O du Guds Lam!
Dér står du nu –
langt borte fra flokken –
som et uskyldigt offerlam,
slagtet og placeret
i en glaskiste,
konserveret i formaldehyd.

O du Guds Lam
– med skyld og skam!
Du bærer Kunstens synder
og *død* og *dom* forkynder.
Tilgiv os alt!
Du har betalt!

Udskiftningsbænken

Alle kan trænge
til et hvil – en pause på
udskiftningsbænken

Redningsplanke med
næsten samme DNA
som Mamres ege

Under himlens tag
er tro og tanker toldfri –
værsgo og tag plads!

Paradisdrømme
mellem de høje huse
på det lange næs

Som en del af det store projekt **ATLAS OVER AARHUS** udgav **365TEKSTER** i juni 2019 en bænk på Langenæs med min haiku-sekvens *Udskiftningsbænken*.

Om 365TEKSTER

365TEKSTER er et ambitiøst og grænsesøgende litteraturformidlingsprojekt, der på redaktionel vis udgiver tekster. Målet er at trække litteraturen ind i hverdagen. Med 365TEKSTER opsøger litteraturen læseren og ikke omvendt. Litteraturen skal være tilgængelig dér, hvor folk er!

Digteren har selv taget plads på Udskiftningsbænken

Syv haiku for bogorme – om Åbyhøjs digterveje

Jeppe på bjerget
er flyttet til Åbyhøj –
Ludvig Holbergs Vej

Oehlenschlægersvej –
køb brudebuket og få
guldhorn i panden!

Nu står solen op
på B. S. Ingemanns Vej –
lysets engel ler

Det er ganske vist!
Ved H. C. Andersens Vej
bliver fjer til høns ...

Isdronningen bor
på I. P. Jacobsens Vej –
Irmelin Rose

Mød din Lykke-Per
på Ludvig Feilbergs Vej 7 –
Åbys Speed Dating

Alle nørderne
sidder dér bag skærmen langs
Jeppe Aakjærs Vej

Noter

Med Einstein i ryggen blev første gang læst op ved *Åben Poetisk Scene* på *Løve's Bog- og VinCafé* i Århus i sept. 2017.

Vild hvede blev første gang læst op ved *Åben Poetisk Scene* på *Løve's Bog- og VinCafé* den 14. december 2017 på Tove Ditlevsens 100-årsdag.

Endnu et skridt blev første gang læst op ved bibliotekar Niels Dams afskedsreception på *Viby Bibliotek* den 24. august 2018. Senere blev digtet læst op ved fejringen af Knud Sørensens 90 års fødselsdag i *Dansk Forfatterforening* den 28. oktober 2018.

De seks digte *Oh Boy, Regnbue Rock, Julian Schnabels sidste forsøg på at tiltrække sommerfugle, Before the Fall of the Wall, I skyggen af Douglas Gordon* og *O du Guds Lam* er alle blevet til som en del af samarbejdet mellem *Kunstmuseet ARoS* og *POP OP Poeterne* i 2019.

Digte behøver ikke at blive trykt på papir. De kan også udgives på objekter i det offentlige rum. Fx er haikusekvensen *På udskiftningsbænken* i juni 2019 blevet "udgivet" af *365TEKSTER* på en bænk på Langenæs.

Den afsluttende haikusekvens *Syv haiku for bogorme* er skrevet i efteråret 2019 til en udstilling på Åby Bibliotek om de litterære vejnavne i Åbyhøjs digterkvarter.

Tag selv et skridt!

Lad dit eget digt poppe op lige her: